REINALDO DOMINGOS

O MENINO, O DINHEIRO E A FORMIGARRA

6ª EDIÇÃO

A coleção *O Menino e o Dinheiro* é uma adaptação infantil embasada na **Metodologia DSOP**, concebida pelo doutor, professor, educador e terapeuta financeiro Reinaldo Domingos.

O material é composto pelas coleções didática – constituída por 15 livros do aluno e 15 do professor – e paradidática – com obras que abordam os temas: Família, Diversidade, Empreendedorismo, Sustentabilidade, Autonomia e Cidadania –, que vão do Ensino Infantil ao Médio.

Além dos livros, as instituições de ensino que adotam o Programa DSOP de Educação Financeira nas Escolas recebem capacitação e assessoria pedagógica, curso/*workshop* de Educação Financeira para os professores e Palestra de Sensibilização para os pais e a comunidade. E ainda, acesso ao Portal Escolas (portalescolas.dsop.com.br), que contém planos de aula, atividades complementares, objetos educacionais (games e atividades) on-line, vídeos e áreas exclusivas para alunos, professores, pais e gestores.

Para mais informações, acesse www.dsop.com.br/escolas ou procure um franqueado de sua região, consultando o nosso Portal www.dsop.com.br/franquia.

Prezados pais e responsáveis,

É com grande satisfação que parabenizo vocês pela excelente escolha para o futuro dos seus filhos. Ao aprenderem, desde cedo, a lidarem com a educação financeira, as crianças se tornarão adultos mais responsáveis e financeiramente sustentáveis.

Com a implantação do Programa DSOP de Educação Financeira nas Escolas, os alunos se beneficiam, uma vez que têm a oportunidade de aprenderem a utilizarem o dinheiro de uma maneira consciente e, assim, realizarem mais sonhos, bem como a comunidade escolar e familiar, de um modo geral, que também serão assistidas pelo Programa.

A partir de uma abordagem totalmente comportamental, o tema Educação Financeira ultrapassa o enfoque estritamente matemático, potencializando o aprendizado por meio de todas as outras disciplinas escolares.

O programa contempla:

- Formação de professores (curso e capacitação pedagógica) – para que tenham domínio sobre o tema
- Palestra para pais e responsáveis – para que a mudança comportamental aconteça também dentro de casa
- Curso on-line de Educação Financeira direcionado aos pais e familiares: www.dsop.com.br/conteudos-online
- Portal escolas – planos de aula, atividades complementares, objetos educacionais (games e atividades) on-line, com senhas de acesso aos gestores, professores e pais – solicitar na secretaria da escola ou junto ao professor(a) de seu filho(a)
- Acompanhamento pedagógico
- SOS Educação Financeira no Portal: www.dsop.com.br

Reinaldo Domingos

Autor
Reinaldo Domingos

Editora de texto
Renata de Sá

Editora de arte
Christine Baptista

Ilustração e projeto gráfico
Ariel Fajtlowicz

Revisão
Daniel Febba

Rua Alba, 88 - Parque Jabaquara
CEP: 04346 000 - São Paulo SP
Tel.: 11 3177 7800
www.editoradsop.com.br

1ª edição - 2011
2ª edição - 2012
3ª edição - 2013
4ª edição - 2016
5ª edição - 2017
6ª edição - 2023

Dados Internacionais de Catalogação na Publicação (CIP)
(Câmara Brasileira do Livro, SP, Brasil)

Domingos, Reinaldo
O Menino, o Dinheiro e a Formigarra /
Reinaldo Domingos; ilustracões Ariel Fajtlowicz. -- 6. ed.
São Paulo : Editora DSOP, 2023 -- (Coleção o menino e o dinheiro)

ISBN 978-85-8276-606-4

1. Dinheiro - Literatura infantojuvenil
2. Finanças - Literatura infantojuvenil
I. Fajtlowicz, Ariel. II. Título III. Série.

23-181248 CDD-028.5

Índices para catálogo sistemático:
1. Educação financeira : Literatura infantil
028.5
2. Educação financeira : Literatura infantojuvenil
028.5

Cibele Maria Dias - Bibliotecária - CRB - 8/9427

PARA TODAS AS CRIANÇAS QUE PODEM CONSTRUIR UM FUTURO COM MAIS EQUILÍBRIO E HARMONIA.

ERA UMA VEZ UMA FORMIGA.
ERA UMA VEZ UMA CIGARRA.
ERA UMA VEZ UM MENINO.

NO MESMO QUINTAL MORAVAM A FORMIGA, A CIGARRA E O MENINO. MAS ELES NEM SE CONHECIAM.

CADA UM VIVIA NO SEU MUNDO, UM PRA CÁ, OUTRO PRA LÁ.

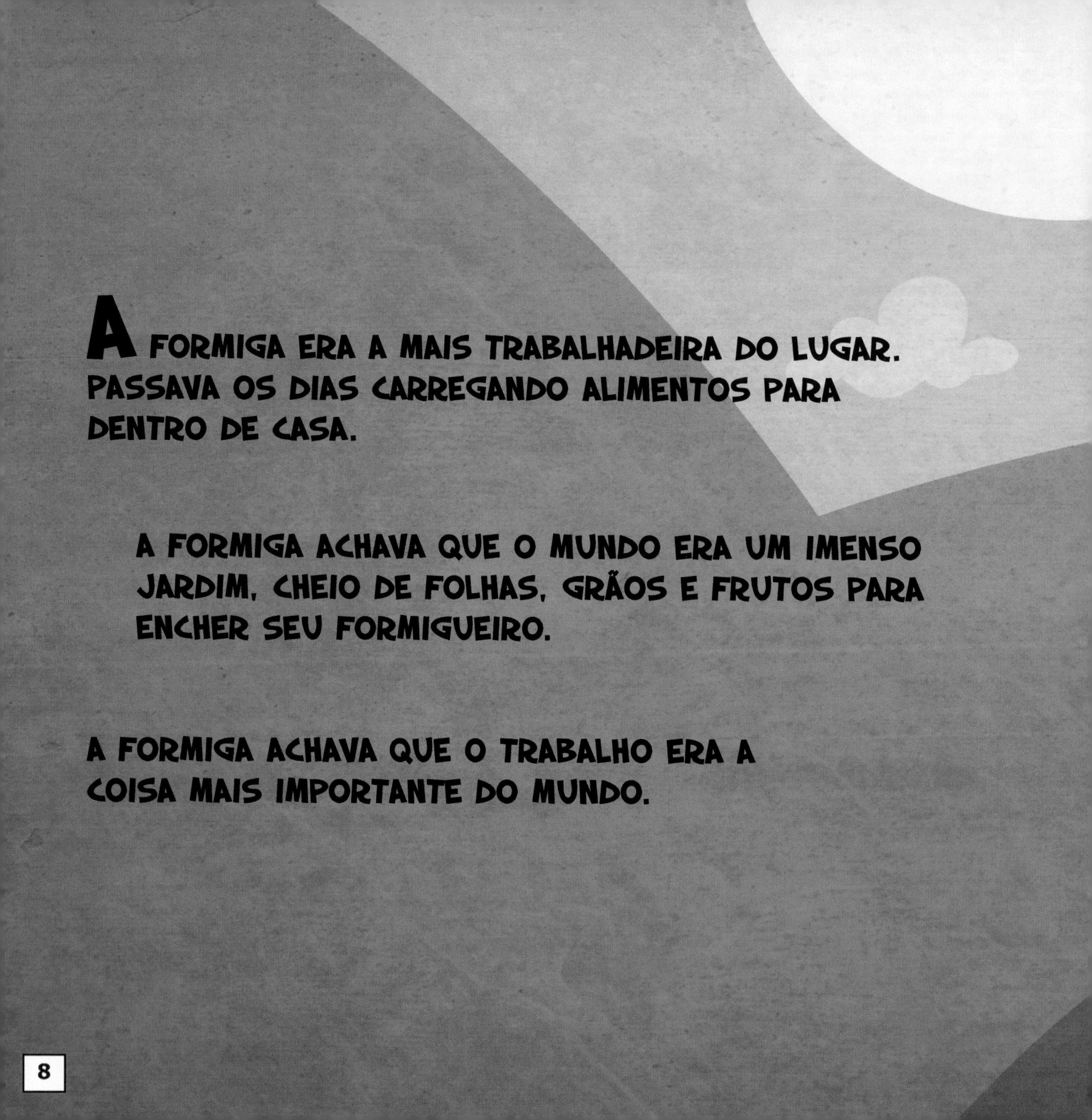

A FORMIGA ERA A MAIS TRABALHADEIRA DO LUGAR. PASSAVA OS DIAS CARREGANDO ALIMENTOS PARA DENTRO DE CASA.

A FORMIGA ACHAVA QUE O MUNDO ERA UM IMENSO JARDIM, CHEIO DE FOLHAS, GRÃOS E FRUTOS PARA ENCHER SEU FORMIGUEIRO.

A FORMIGA ACHAVA QUE O TRABALHO ERA A COISA MAIS IMPORTANTE DO MUNDO.

A CIGARRA ERA A MAIS CANTADEIRA DO LUGAR. CANTAVA NOITE E DIA; TRABALHAR ELA NÃO QUERIA.

A CIGARRA IMAGINAVA QUE O MUNDO ERA UMA ORQUESTRA, CHEIA DE SONS PARA EXPERIMENTAR, AQUI, ALI E LÁ.

A CIGARRA IMAGINAVA QUE A MÚSICA ERA A COISA MAIS IMPORTANTE DO MUNDO.

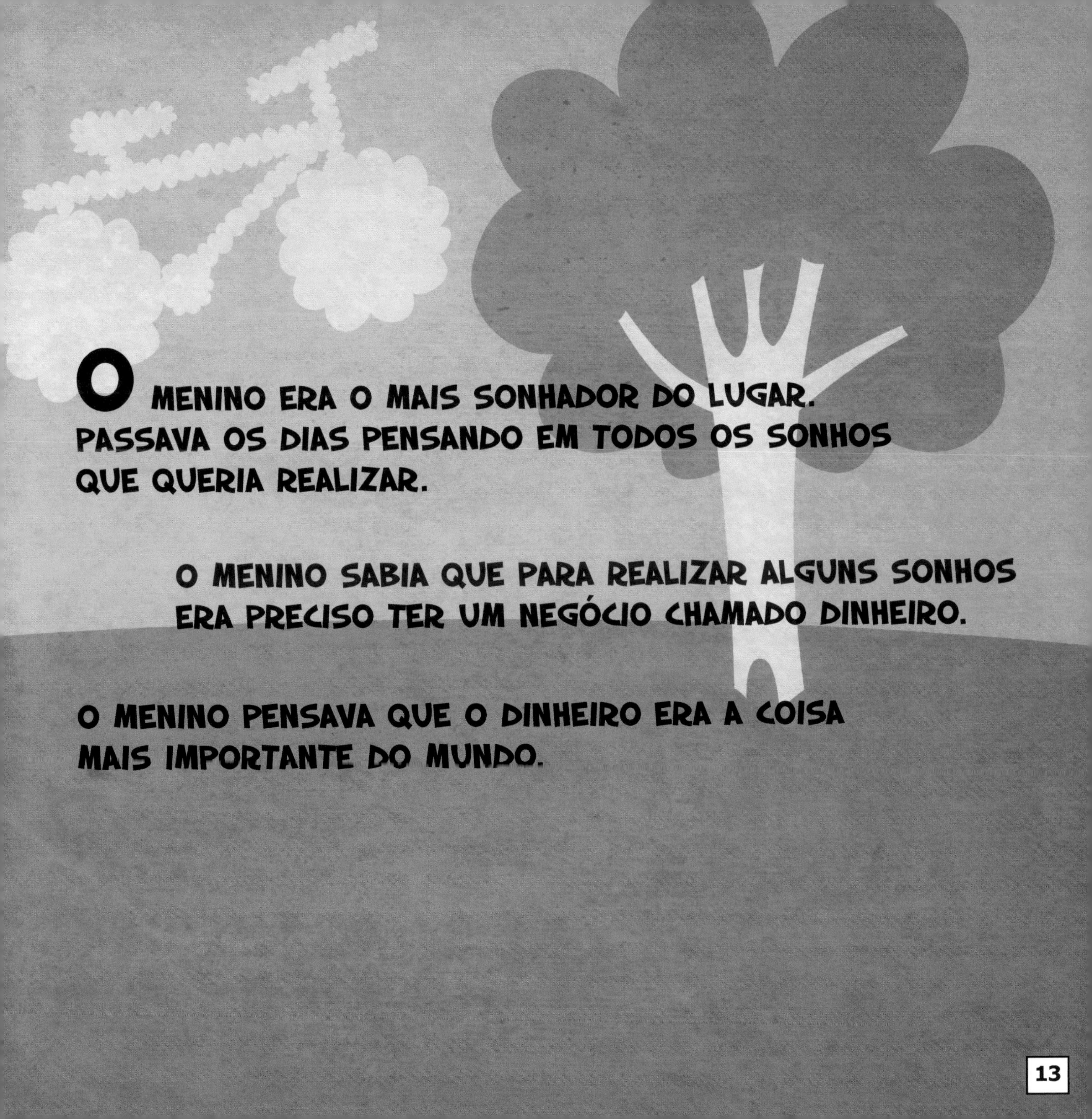

O MENINO ERA O MAIS SONHADOR DO LUGAR. PASSAVA OS DIAS PENSANDO EM TODOS OS SONHOS QUE QUERIA REALIZAR.

O MENINO SABIA QUE PARA REALIZAR ALGUNS SONHOS ERA PRECISO TER UM NEGÓCIO CHAMADO DINHEIRO.

O MENINO PENSAVA QUE O DINHEIRO ERA A COISA MAIS IMPORTANTE DO MUNDO.

CERTA VEZ, NAS VOLTAS QUE O MUNDO DÁ, A FORMIGA, A CIGARRA E O MENINO SE ENCONTRARAM NA HISTÓRIA QUE A MÃE RECITAVA DE COR PARA ELE ANTES DE DORMIR:

TENDO A CIGARRA EM CANTIGAS
PASSADO TODO O VERÃO,
ACHOU-SE EM PENÚRIA EXTREMA
NA FRIA ESTAÇÃO.

NÃO RESTANDO MIGALHA
QUE BASTASSE À TAGARELA,
FOI VALER-SE DA FORMIGA,
QUE MORAVA PERTO DELA.

SEM NADA PARA SE ALIMENTAR,
À FORMIGA FOI PROCURAR.
FOI PEDIR À VIZINHA ALGUNS GRÃOS,
PARA AGUENTAR FIRME ATÉ O VERÃO.

– EU LHE PAGAREI – DISSE A CIGARRA.
– PALAVRA DE ANIMAL.
PAGAREI OS JUROS
E TAMBÉM O CAPITAL.

SENDO A FORMIGA UM SER QUE NÃO EMPRESTA,
PÔS AS MÃOS NA CINTURA E PERGUNTOU, NADA MODESTA:

– O QUE VOCÊ FAZIA NO CALOR DE OUTRORA?
– NOITE E DIA, EU CANTAVA – DISSE A CIGARRA.
– MAS É INVERNO, E ISSO NÃO É POSSÍVEL AGORA.

– AH, QUE BELEZA! – ZOMBOU A FORMIGA.
– VOCÊ CANTAVA?
POIS ENTÃO, DANCE AGORA!

O MENINO FICOU ESPANTADO DEPOIS DE OUVIR A HISTÓRIA, CONTADA ASSIM, COM PALAVRAS ESTRANHAS E SONS DIFERENTES.

MAS IMAGINOU QUE NO MUNDO DAS FORMIGAS E DAS CIGARRAS AQUELE, TALVEZ, FOSSE O JEITO COMUM DE FALAR...

DEPOIS DE PENSAR UM POUCO NA HISTÓRIA, O MENINO FICOU DIVIDIDO.

UM LADO DELE TINHA DÓ DA POBRE CIGARRA, SEM UM GRÃO DE ALIMENTO, SOZINHA NO FRIO E NO VENTO.

OUTRO LADO TINHA DÓ DA FORMIGA TRABALHADEIRA, QUE NEM BRINCAVA PARA PODER ENCHER SEU FORMIGUEIRO A VIDA INTEIRA.

O MENINO PERGUNTOU PARA A MÃE QUAL DAS DUAS ESTAVA CERTA.

MAS A MÃE DO MENINO DISSE QUE ELE MESMO SABIA A RESPOSTA. BASTAVA PENSAR.

ENTÃO, O MENINO PENSOU, PENSOU, PENSOU, ATÉ QUE DA PONTA DO PENSAMENTO DESPENCOU UMA RESPOSTA.

PRIMEIRO, O MENINO SE LEMBROU DA MÃE, QUE PARA ELE ERA PARECIDA COM A CIGARRA, CANTAROLANDO O DIA TODO, PRA LÁ E PRA CÁ.

DEPOIS, ELE SE LEMBROU DO PAI, QUE TINHA UM JEITO DE FORMIGA, CARREGANDO SEU VAGÃO O DIA INTEIRO NO SOL, NA CHUVA, NO FRIO E NO VENTO.

O MENINO PENSOU QUE TANTO A MÃE QUANTO O PAI TINHAM UM JEITO DIFERENTE DE SER E DE FAZER AS COISAS.

E ELE PERCEBEU TAMBÉM QUE, ÀS VEZES, O JEITO DE UM SE MISTURAVA COM O JEITO DO OUTRO.

QUANDO FAXINAVA, A MÃE TRABALHAVA O DIA INTEIRO, CONCENTRADA E QUIETA, SEM DESCANSO, ATÉ DEIXAR TUDO BRILHANTE E CHEIROSO.

NOS FINS DE SEMANA, O PAI, ÀS VEZES, PEGAVA A VIOLA VELHA E FICAVA ARRANHANDO UMAS MÚSICAS TRISTES, SENTADO NA VARANDA, TRANQUILO QUE SÓ.

DE TANTO PENSAR, O MENINO SE CANSOU. ADORMECEU E SONHOU COM UMA GANGORRA GIGANTE. DE UM LADO DELA TINHA UMA FORMIGA. DO OUTRO LADO, UMA CIGARRA.

QUANDO ACORDOU, O MENINO TINHA ENCONTRADO A RESPOSTA QUE TANTO QUERIA.

NEM SÓ FORMIGA.
NEM SÓ CIGARRA.
O BOM MESMO ERA QUE O MUNDO FOSSE CHEIO DE FORMIGARRAS!

SE A FORMIGA BRINCASSE UM POUCO...

SE A CIGARRA TRABALHASSE UM POUCO...

TUDO DARIA CERTO NO FIM!

SEM PERCEBER, NAQUELE DIA, O MENINO DESCOBRIU UMA COISA CHAMADA EQUILÍBRIO.

ELE ENTENDEU QUE NA VIDA TUDO TEM DOIS LADOS. MAS QUASE SEMPRE EXISTE ALGO QUE FICA ENTRE UMA COISA E OUTRA.

PENSANDO ASSIM, O MENINO PERCEBEU QUE ESSA REGRA VALIA PARA QUASE TUDO NA VIDA: TRABALHO E DIVERSÃO, ESTUDO E BRINCADEIRA...

E VALIA TAMBÉM PARA O DINHEIRO.

SIM. PORQUE O MENINO COMPREENDEU QUE O DINHEIRO NÃO ERA MESMO A COISA MAIS IMPORTANTE DO MUNDO.

O DINHEIRO ERA SÓ UMA PARTE DE UM MUNDO MUITO MAIOR. UM MUNDO QUE TAMBÉM TEM FOLHAS SECAS, SOM DE CIGARRA CANTANDO, PASSARINHO CONSTRUINDO NINHO, MÃE CANTAROLANDO NA SALA E PAI TOCANDO VIOLA NA VARANDA.

E FOI ASSIM QUE O MENINO ENTENDEU QUE UMA VIDA RICA DE VERDADE É QUANDO TODO MUNDO PODE TER UM POUQUINHO DO QUE ACHA IMPORTANTE PARA VIVER FELIZ E PODER REALIZAR OS SEUS SONHOS.

OLÁ, AMIGUINHO!

AGORA QUE VOCÊ JÁ LEU A HISTÓRIA O MENINO, O DINHEIRO E A FORMIGARRA E APRENDEU QUE É NECESSÁRIO TER EQUILÍBRIO PARA CONQUISTAR COISAS MATERIAIS E NÃO MATERIAIS, SIGA PARA AS PRÓXIMAS PÁGINAS E DESENVOLVA AS ATIVIDADES PROPOSTAS.

O MENINO DESCOBRIU QUE NEM SÓ FORMIGA E NEM SÓ CIGARRA. O BOM MESMO ERA QUE O MUNDO FOSSE CHEIO DE FORMIGARRAS. DESENHE, COM O AUXÍLIO DE UM ADULTO, A SUA FORMIGARRA.

A MÃE DO MENINO TRABALHAVA EM CASA E O PAI ERA MAQUINISTA. PESQUISE EM REVISTAS E JORNAIS IMAGENS DAS PROFISSÕES DOS SEUS FAMILIARES. DEPOIS, PERGUNTE COMO É A ROTINA DE TRABALHO DELES.

O MENINO PERCEBEU QUE TRABALHO E DIVERSÃO DEVEM FAZER PARTE DA ROTINA DE UMA FAMÍLIA. DEFINA, COM O APOIO DOS SEUS FAMILIARES, UM SONHO COLETIVO PARA AS FÉRIAS E DESENHE-O ABAIXO.

REINALDO DOMINGOS

Autor

www.reinaldodomingos.com.br

Reinaldo Domingos nasceu em Casa Branca, interior de São Paulo. Filho de pai ferroviário e mãe autônoma, aos 12 anos de idade realizou o primeiro dos seus muitos sonhos: comprar uma bicicleta. A estratégia adotada na época – a escolha intuitiva de poupar um pouquinho por mês do que ganhava como auxiliar de camelô para realizar seu sonho – tornou-se a base daquilo que viria a ser a **Metodologia DSOP**, um jeito simples e eficaz de lidar com o dinheiro, mudando hábitos e realizando sonhos.

dsop
editora